I d e e n ***Blitz***

Ingrid Biermann

ApfelTage

Kleine Aktionen für den Kita-Alltag

Herder Freiburg · Basel · Wien

Selbst das englische Sprichwort: „One apple a day keeps the doctor away" (Ein Apfel am Tag hält den Arzt fern) weist auf die gesundheitliche Bedeutung des Apfels hin. Ein Apfel sättigt nicht nur, er versorgt den Körper auch mit wichtigen Vitaminen. Der Apfel ist also ein Nahrungsmittel, auf das wir nicht verzichten sollten. Und er ist auch ein Muntermacher, denn er enthält Trauben- und Fruchtzucker, die schnell ins Blut gehen. Ein Apfel hilft also auch gegen Müdigkeit und Konzentrationsschwäche.
Der Apfel hat schon in der Schöpfungsgeschichte eine wichtige Rolle gespielt. Er ist das Symbol der Liebe, gilt aber auch als Zeichen der Weltherrschaft (Reichsapfel) und als Streitsymbol (Zankapfel aus der griechischen Mythologie). In vielen Legenden, Sagen und Märchen ist er wiederzufinden und auch in unserem heutigen Sprachgebrauch ist er sehr verbreitet, beispielsweise wenn jemand „veräppelt" wird oder etwas „für'n Appel und 'n Ei" zu bekommen ist.
Auch Kindern ist der Apfel von klein an ein vertrautes Nahrungsmittel. Schon als Säugling bekommt das Kind den Apfel als Mus. In den unterschiedlichsten Formen wird er von Jung und Alt gegessen oder als Saft getrunken. Beim Verzehr eines Apfels werden alle Sinne angesprochen (sehen, fühlen, riechen, schmecken, hören), und schon beim bloßen Reden über diese wohlschmeckende Frucht wird bei vielen von uns der Speichelfluss angeregt und das Verlangen nach einem saftigen, knackigen Apfel wachgerufen.
Um in Kindern schon früh die Lust auf Äpfel zu wecken und um ihr Essbewusstsein zu erweitern, ist ein Apfelprojekt ein vielseitiges Angebot, das die Kinder mit eigenen Ideen erweitern können. Das Wachsen und Reifen eines Apfels, der Weg von der Blüte am Baum bis zur begehrten und vielseitig verwendeten Frucht ist interessant und spannend. Vielleicht verlangen Kinder nach diesem Projekt einmal mehr nach einem Apfel statt nach einer Süßigkeit.
Ein buntes Programm, bei dem natürlich viel probiert bzw. gegessen wird, soll den Kindern mit Spaß und Spiel den Apfel näher bringen. Auch Eltern können in dieses Projekt eingebunden werden: Sie können im Kindergarten mit den Kindern Apfelgerichte kochen oder backen, für einen Wintervorrat Mus oder Saft zubereiten oder einfach einmal Äpfel pflücken gehen. Auch Exkursionen, z. B. zu einer Kelterei oder zu einem Obstbauern, machen Spaß und bringen Lebendigkeit und Anschaulichkeit in das

Inhalt

Projekt. Wenn dann noch Erinnerungsfotos geschossen werden oder sogar ein Film gedreht wird, dann kann bei einem warmen Apfelkuchen, einem Bratapfel oder bei Apfelpfannkuchen solch ein Ausflug oder eine andere Aktion in Erinnerung gebracht und nacherlebt werden.
Ein Apfelbäumchen, bei einem Apfelfest gepflanzt, könnte dieses Projekt abrunden und das Erlebte und Erfahrene rund um den Apfel auch in Zukunft wach halten.
In dieser Ausgabe möchte ich Ihnen viele Tipps und Anregungen geben, die Sie mit eigenen Ideen oder Vorschlägen von den Kindern und Eltern verbinden und schnell und ohne viel Aufwand einsetzen können. Natürlich sind es wie immer nur Vorschläge, die Sie den gegebenen Bedingungen entsprechend ändern können.

Ingrid Biermann

In einem Apfel

Material: 3 bis 4 Äpfel, ein Obstmesser, ein Tuch, für jedes Kind ein kleiner Blumentopf, Blumenerde, eine kleine Gießkanne mit Wasser, eine alte Zeitung

Vorbereitungen: Alle Materialien werden nebeneinander gelegt und mit einem Tuch abgedeckt. Für die Kinder wird ein Stuhlkreis aufgestellt.

Kleine Apfelkunde

Einführung: Die Erzieherin zeigt den Kindern einen Apfel. Gemeinsam wird besprochen, woraus der Apfel besteht (Schale, Fruchtfleisch, Stiel, Kelchgrube, Kerngehäuse mit fünf Kammern, Kerne).

Schale: Schutz (wie bei den Menschen die Haut) vor zu viel Schmutz, Sonne, Regen, Spritzmittel. Die Schale kann verschiedene Farben haben, sie kann rau oder glatt sein. Der Apfel kann gespritzt oder ungespritzt sein, die Schale sollte vor dem Verzehr gründlich mit warmem Wasser abgewaschen oder abgeschält werden.

Stiel: Mit ihm hält sich der Apfel am Baum fest, durch den Stiel versorgt der Baum den Apfel mit allem, was er zum Wachsen braucht.

Kelchgrube: Blütenrest.

Fruchtfleisch: Es ist süß oder sauer, saftig oder mehlig und besteht aus Wasser, Fruchtsäure, Mineralien, Eiweiß, Kohlehydraten und Vitaminen. (Welche dieser zwar interessanten, aber nicht altersgerechten Informationen die Erzieherin weitergeben will, entscheidet sie selbst.)

Kerngehäuse: Es besteht aus fünf Kammern, in denen jeweils ein Kern sitzt. Um das Kerngehäuse herum setzt sich das Fruchtfleisch an. Deshalb gehört der Apfel zum so genannten Kernobst.

Kerne: In ihnen sitzt die ganze Kraft, denn aus ihnen können neue Bäume wachsen.

Ganz langsam wird der Apfel geschält, zerschnitten und nachgeschaut, ob all das, was über den Apfel zusammengetragen wurde, auch vorhanden ist.

Die restlichen Äpfel werden geschält. Jedes Kind bekommt einen Kern und kann diesen befühlen und betrachten.

Experimentierphase:

Nun bekommt jedes Kind ein Stück Zeitung, einen Blumentopf und Blumenerde. In den Topf soll nun der Kern eingepflanzt werden.
Täglich können nun die Kinder nachschauen, ob etwas passiert.
Achtung: Das Gießen darf nicht vergessen werden!

Abschlusslied:

In einem Apfel

(Melodie: In Mutters Stübele)

In einem Apfel, ja, da liegt ein hmm, hmm, hmm,
in einem Apfel, ja, da liegt ein Kern.
Er fühlt sich so allein und möchte hmm, hmm, hmm,
er fühlt sich so allein und möchte fort.
Er träumt vom Sonnenschein und auch vom hmm, hmm, hmm,
er träumt vom Sonnenschein und auch vom Wind.
Will einfach glücklich sein und träumt vom hmm, hmm, hmm,
will einfach glücklich sein und träumt vom Licht.
Auf einmal kommt der Wind und es macht hmm, hmm, hmm,
auf einmal kommt der Wind und es macht plumps.
Der Apfel rollt und rollt und liegt dann hmm, hmm, hmm,
der Apfel rollt und rollt und liegt dann still.
Doch schau, wer kommt denn da, es ist die hmm, hmm, hmm,
doch schau, wer kommt denn da, es ist die Maus.
Sie frisst den Apfel an und sieht den hmm, hmm, hmm,
sie frisst den Apfel an und sieht den Kern.
Der Kern, der liegt nun da und spürt den hmm, hmm, hmm,
der Kern, der liegt nun da und spürt den Wind.
Er sieht den Sonnenschein und auch die hmm, hmm, hmm,
er sieht den Sonnenschein und auch die Maus.
Die Maus, die beißt nun zu, fort ist der hmm, hmm, hmm,
die Maus sie beißt nun zu, fort ist der Kern.

Klein, aber zuckersüß

Material: für jedes Kind ein kleiner, gelber Apfel, eine Holzkiste, die mit Stroh ausgelegt ist, Servietten, ein Obstmesser, ein Würfel

Einstieg: Die Kinder sitzen im Kreis und schließen die Augen. Die Erzieherin legt jedem Kind einen Apfel in die Hand. Nachdem die Kinder die Äpfel durch Riechen und Fühlen wahrgenommen haben, öffnen sie die Augen, betrachten sie ganz genau und legen sie in die Holzkiste. Die Erzieherin fordert sie dazu auf mit den Worten: „Legt sie vorsichtig in die Holzkiste, es handelt sich um ganz besondere Äpfel!" Dann wird die Geschichte erzählt.

In Leopolds Obstgarten stehen wunderschöne große Apfelbäume. Jeder von ihnen hat so viel Platz, dass er sich nach allen Seiten hin ausstrecken und ausbreiten kann wie er möchte. Die Äste und Zweige aller Apfelbäume in Leopolds Garten tragen ein wunderschönes Blätterkleid. Es ist so dicht, dass die Sonnenstrahlen Mühe haben, durchzudringen. Jedes Jahr tragen alle Bäume knackig rote Äpfel. Sie sind manchmal so groß wie Apfelsinen und sie leuchten schon aus der Ferne, sodass jeder, der sie sieht, sofort Appetit auf einen Apfel bekommt.

Leopold ist sehr stolz auf seine Apfelbäume und auf seine Äpfel, die im ganzen Land bekannt sind. Im Herbst pflückt er allein seine Äpfel mit viel Sorgfalt. Er legt jeden einzelnen Apfel ganz behutsam in eine Kiste, denn er weiß, dass jeder Stoß bei den Äpfeln einen weichen Fleck hinterlässt und das ist gar nicht gut.

Weil Leopold immer mit seinen wunderschönen großen Apfelbäumen beschäftigt ist, hat er gar nicht bemerkt, dass mitten zwischen den großen Bäumen ein winzig kleiner Baum steht. Von den anderen Bäumen wird er richtig eingequetscht und hat deshalb zum Wachsen sehr wenig Platz. Aber die großen Bäume nehmen ihm nicht nur den Platz, sondern auch die Sonne. Der kleine Baum kann sich drehen und wenden wie er will, er bekommt nur wenige Sonnenstrahlen ab. Deshalb wachsen seine Äpfel nur ganz schlecht. Sie sind klein und gar nicht so leuchtend rot wie die Äpfel der großen Bäume. An seinen Ästen und Zweigen hängen unzählige kleine gelbe Äpfel. Der kleine Baum kann die vielen Äpfel kaum noch tragen.

Die Tage der Apfelernte vergehen, doch Leopold kommt nicht zu ihm, um ihn von der schweren Last zu befreien. „Ach“, denkt der kleine Baum, „ich trage so viele Früchte und die sind sicher genauso süß wie die der großen Bäume, aber niemand will sie haben.“

Eines Tages bläst ein starker Sturm. Er braust und pfeift mit aller Kraft. Dabei rüttelt und schüttelt er auch an den Ästen der Bäume und wirft alles ab, was er nur erwischen kann. Da sieht der Wind auch den kleinen Apfelbaum. „Oho“, denkt der Wind, „der trägt aber noch viele Früchte. Ich will ihn erst einmal davon befreien.“ Mit seiner ganzen Kraft pustet er und im Nu liegen viele seiner Äpfel auf der Wiese. Aber Leopold, der eifrig dabei ist, die heruntergefallenen Äpfel einzusammeln, entdeckt in der Wiese auch jetzt nicht die kleinen Äpfel. Ihm fallen nur die dicken, roten auf.

Als sein Korb voll ist und er schnell nach

Hause laufen will, stolpert er über einige der kleinen gelben Äpfel. Leopold ist erstaunt. „Woher kommen die denn?“, fragt er sich und schaut sich um. Da entdeckt er mitten zwischen den großen kräftigen Bäumen den kleinen Apfelbaum. Er trägt noch immer sehr viele kleine gelbe Äpfel. Schnell pflückt Leopold einige davon und läuft ins Haus. Behutsam packt er die großen roten Äpfel in eine Kiste. Als ihm ein kleiner gelber Apfel in die Hand fällt, denkt er wieder an den Baum, den er bisher in seinem Obstgarten noch nie bemerkt hatte. Leopold wird neugierig. „Ob so ein kleiner gelber Apfel auch so gut schmeckt wie die dicken roten Äpfel?“, denkt er und beißt hinein. Hmm, Leopold ist sehr überrascht. Der Apfel schmeckt zuckersüß und ist noch viel knackiger als die dicken roten Äpfel. Als der Sturm sich gelegt hat, läuft er schnell zu dem kleinen Baum, um die süßen Köstlichkeiten zu pflücken. Vorsichtig legt er jeden Apfel in eine Kiste und nach we-

nigen Stunden hat er 10 Kisten voller süßer Äpfel geerntet.
Leopold ist gespannt, was seine Kunden dazu sagen. Ob sie diese kleinen Äpfel auch mögen? Als er am nächsten Tag neben den großen roten auch die kleinen gelben Äpfel anbietet, sind schon nach wenigen Stunden alle Kisten verkauft. In den Tagen danach kommen viele Kunden, die nur die kleinen gelben Äpfel haben wollen.
Als die Apfelernte vorbei ist, geht Leopold mit Spaten und einer Baumschere in den Garten. Er beschneidet alle riesigen Bäume, die rund um den kleinen Apfelbaum stehen, damit der endlich auch genug Platz hat, um zu wachsen. In den kommenden Monaten geht er jeden Tag zu dem kleinen Apfelbaum, um nachzuschauen, wie er größer wird. Schon nach kurzer Zeit stellt er fest, dass sich der kleine Baum ausbreitet. Im nächsten Sommer geschieht etwas Wunderbares. Aus dem kleinen Baum ist nun ein großer prächtiger Apfelbaum geworden, der wunderschöne kleine, knackige, saftige, gelbe Äpfel trägt. Von nah und fern kommen nun die Menschen und alle wollen diese gelben Äpfel. Sie nennen die Apfelsorte Leopoldapfel und bald ist sie in Stadt und Land bekannt.

Auswertung: Das Apfelwürfelspiel

Die Äpfel werden in Spalten geschnitten. Jedes Kind bekommt gleich viele Spalten, die es vor sich auf eine Serviette legt. Nun wird ein Würfel geholt und eine Zauberzahl festgelegt. Reihum wird gewürfelt, und immer, wenn ein Kind die Zauberzahl gewürfelt hat, darf es eine Apfelspalte essen. Die Zauberzahl kann mehrmals neu bestimmt werden. Wer hat seine Apfelspalten zuerst aufgegessen?

Ein Apfelbaum, ganz groß und dick

Hinweis:	Ein Kind spielt den Apfelbaum. Es macht die Bewegungen dem Text der Geschichte entsprechend nach. Ein anderes Kind spielt pantomimisch den Apfelpflücker. Alle anderen Kinder stellen die Sonne dar. Die Geschichte kann auch sofort mit mehreren Kindern als Apfelbäumen und Apfelpflückern gespielt werden.
Die Kinder stehen im Kreis, halten die Händen hoch und spreizen die Finger.	Die Sonne steht am Himmelszelt und sie erwärmt die weite Welt.
Die Arme nach oben strecken.	Ein Apfelbaum, sehr groß und dick, denkt an die Kindheit oft zurück.
In die Hocke gehen.	Er war ein Kern und lag ganz lang in der Erde, oft war ihm bang.
Mit den Händen darstellen.	Er wuchs und mit ein wenig Kraft, da hatte er es bald geschafft.
Ganz langsam aufstehen.	Schob über sich die Erde fort und wuchs und wuchs an diesem Ort.

Sich ganz groß machen.	Er wurde groß und wunderschön, ein jeder kann ihn heute sehn.
Arme ausbreiten.	Jetzt macht er seine Äste breit
Mit Daumen und Zeigefinger der beiden Hände zuerst einen kleinen Kreis formen und ihn dann größer werden lassen.	und trägt ein prächtig Blütenkleid. Und eines Tages, wie im Traum, sind viele Äpfel an dem Baum. Zuerst sind sie ganz winzig klein, sie wachsen schnell im Sonnenschein.
Ein Kind pflückt pantomimisch Äpfel.	Im Herbst, ja, da ist Erntezeit, die Menschen kommen angeeilt. Sie nehmen dann die Äpfel fort, und bringen sie zum andern Ort.
	Der Baum steht ohne Äpfel da, kriegt neue erst im nächsten Jahr.

Der besondere Apfel

Material:	Zutaten für einen Bratapfel: Für jedes Kind ein gewaschener Apfel, Rosinen, Mandeln, etwas Marmelade, Alufolie, Butter, Küchentuch, ein Apfelentkerner, eine Mischung aus Zimt und Zucker oder Vanillesoße. Tischdekoration nach Belieben. Für jedes Kind einen Teller, eine Kuchengabel und einen kleiner Löffel.
Vorbereitung:	Die Materialien werden griffbereit gelegt.
Einstieg:	Die Kinder sitzen um einen Tisch herum. Die Erzieherin initiiert ein Gespräch über Äpfel. Sie fragt die Kinder, ob sie einen Apfelbaum kennen, welche Äpfel sie am liebsten essen, was man aus Äpfeln alles machen kann usw. Schließlich erzählt sie die folgende Rätselgeschichte, in der es um einen besonderen Apfel geht. Am Ende der Geschichte sollen die Kinder das Rätsel lösen.

Rategeschichte

Wenn draußen die Kälte klirrt und knackt
und Mutter einen Kuchen backt,
schiebt sie auch etwas Süßes, klein,
in den warmen Ofen rein.

Hmm, wie das duftet, wie das riecht,
der Duft durch unser Haus schnell kriecht.
Er zieht sofort in jeden Raum
und schenkt jetzt allen einen Traum.

Der Peter träumt vom Winterwald,
dort draußen ist es weiß und kalt,
er kommt ins Haus und fängt sodann
ganz schnell daran zu naschen an.

Die Ute träumt vom Weihnachtsfest,
an dem sie sich beschenken lässt.
Sie isst davon gleich zwei am Tag,
vom süßen Ding, weil sie es mag.

Der Vater träumt, er kommt nach Haus
und ruht sich am Kamin noch aus.
Mit Rosinen, Mandelkern
isst er das süße Ding sehr gern.

Endlich ist der Traum nun wahr,
denn Mutter, ja, die ist jetzt da,
sie bringt ihn mit Vanillesauce,
bekleckert ist zum Schluss die Hose.

Abschluss: Die Kinder lösen das Rätsel. Danach werden die genannten Materialien auf den Tisch gestellt. Jedes Kind beginnt, sich einen Bratapfel zuzubereiten. Dazu sticht die Erzieherin zunächst die Kerngehäuse aus den Äpfeln. Jeder Apfel wird dann auf ein größeres, mit dem Küchentuch eingefettetes Stück Alufolie gestellt. Die Kinder füllen den Apfel mit Rosinen, Marmelade und Mandeln und wickeln den Apfel mit der Folie ein. Die mit Folie umschlossenen Äpfel werden auf ein Blech gestellt und etwa 15 bis 20 Minuten im Backofen gebraten. In der Zwischenzeit decken die Kinder den Tisch. Danach werden an dieser, mit einer Tischdecke, mit Kerzen, Servietten, Blumen und schönem Geschirr liebevoll gestalteten Tafel die mit Zimt und Zucker bestreuten oder mit Vanillesoße übergossenen Bratäpfel gemeinsam verzehrt.

Äpfel kullern hin und her

Material: ein Betttuch, ein Kassettenrekorder mit beruhigender und beschwingter Musik, mehrere Seilchen, ein Tamburin mit Schlägel, ein Triangel, ein Reifen, ein Würfel, für jedes Kind eine Matte und ein Apfel, für je zwei Kinder ein Handtuch und zwei Körbe

Einstieg: Die Kinder sitzen im Schneidersitz auf ihren Matten im Kreis. Sie schließen die Augen und bilden mit der Hand eine Schale. Die Erzieherin legt jedem Kind einen Apfel in die Hand. Nun schlägt sie den Triangel an, die Kinder öffnen ihre Augen und betrachten ihren Apfel. Dann schließen sie die Augen wieder. Die Erzieherin nimmt die Äpfel aus den Händen der Kinder und legt Tennisbälle hinein. Beim Anschlagen des Triangels öffnen die Kinder wieder ihre Augen. Die Erzieherin erklärt, dass die Äpfel für das folgende Spielgeschehen verzaubert worden sind.

Apfel balancieren

Jedes Kind legt seinen „Apfel“ auf die Handfläche, streckt den Arm aus und geht so durch den Raum. Beim Tamburinschlag wird der Apfel auf die andere Handfläche gelegt.

Apfel rollen

Jedes Kind legt den „Apfel“ vor seine Füße und rollt ihn unter der Fußsohle vor und zurück. Beim Tamburinschlag den anderen Fuß nehmen.

Apfel kullern

Mit Seilchen verschiedene Straßen legen (enge, breite, kurvenreiche). Hintereinander rollen die Kinder den Ball die Straße entlang.

Äpfel hin und her rollen

Jedes Kind sucht sich einen Partner. Die beiden Spielpartner setzen sich auf ihren Matten gegenüber und singen während des Spiels das folgende Lied.

Meinen kleinen Apfel

(Melodie: Alle meine Entchen)

Meinen kleinen Apfel roll ich hin und her,
roll ich hin und her,
er rollt ganz still und leise, ja, das gefällt mir sehr,
er rollt ganz still und leise, ja, das gefällt mir sehr.

Jedes Kind rollt seinen „Apfel" auf dem Boden von einer Seite zur anderen.

Meinen kleinen Apfel rolle ich zu dir, rolle ich zu dir,
er rollt fast von alleine und kommt zurück zu mir,
er rollt fast von alleine und kommt zurück zu mir.

Die Spielpartner rollen sich gegenseitig ihren „Apfel" zu.

Meinen kleinen Apfel schau ich mir gut an,
schau ich mir gut an,
leg ihn in das Körbchen, damit er ruhen kann,
leg ihn in das Körbchen, damit er ruhen kann.

Jedes Kind nimmt seinen „Apfel", betrachtet ihn von allen Seiten und legt ihn in den Korb.

Hinweis:

Zu den folgenden Spielen kann ruhige Begleitmusik gespielt werden.

Äpfel in der Hängematte

Je zwei Kinder bekommen ein Handtuch. Sie legen ihre „Äpfel" darauf, fassen das Handtuch an den Ecken an und halten es straff. Nun lassen sie die beiden Äpfel auf dem Handtuch hin und her kullern, ohne dass einer herunterfällt.

Apfelmassage

Ein Kind legt sich bäuchlings auf das Handtuch. Das andere Kind kniet sich daneben und macht eine Massage, d. h. es rollt mit dem „Apfel" langsam und vorsichtig über den Körper des liegenden Kindes. Nach ein paar Minuten werden die Rollen getauscht.

Äpfel im Kreis

Alle „Äpfel" liegen in einem Reifen in der Mitte des Raums. Die Kinder gehen, laufen, hüpfen durch den Raum, die Erzieherin gibt mit dem Tamburin Rhythmus und Geschwindigkeit vor. Hört sie auf zu schlagen, laufen alle Kinder blitzschnell zum Reifen und holen sich einen „Apfel".

Variation: Die Kinder gehen nach Tamburinschlag mit dem „Apfel" durch den Raum. Hört die Erzieherin auf zu schlagen, legen alle Kinder den „Apfel" schnell wieder in den Reifen.

Veränderung: Ein „Apfel" wird beiseite gelegt. Die Kinder gehen, hüpfen, laufen nach Tamburinschlag durch den Raum. Hört die Erzieherin zu schlagen auf, laufen alle Kinder zum Reifen und holen sich einen Apfel.

Wer keinen Apfel erwischt hat, stellt sich als Apfelbaum in den Raum. Die Kinder legen ihre „Äpfel" wieder in den Reifen. Nun wird ein weiterer Apfel aus dem Kreis genommen, und beiseite gelegt, dann geht das Spiel in die nächste Runde.

Falläpfel aufsammeln

Zwei Kinder bekommen je einen Korb und sammeln auf ein Triangel-Signal hin „Äpfel" ein, die im Raum verteilt liegen. Ertönt wieder ein Signal, so hören sie auf. Wer hat die meisten „Äpfel" eingesammelt?

Der wandernde Apfel

Alle Kinder stellen sich dicht an dicht nebeneinander im Kreis auf und haben die Hände auf dem Rücken. Ein Kind steht in der Kreismitte. Nun wird nach einem Triangelton ein Apfel hinter dem Rücken der Kinder weitergegeben. Ertönt das Signal erneut, so wird das Spiel gestoppt. Das in der Mitte stehende Kind muss erraten, wer den Apfel in der Hand hält. Bei diesem Spiel können die Kinder folgendes Lied singen:

Mein kleiner gelber Apfel

(Melodie: Alle meine Entchen)

Mein kleiner gelber Apfel wandert nun umher, wandert nun umher,
sag, wer wird ihn haben, schau hin, es ist nicht schwer,
sag, wer wird ihn haben, schau hin, es ist nicht schwer.

Tanzende Äpfel

Die Kinder halten alle zusammen ein Betttuch. Darauf legen sie ihre „Äpfel". Es wird Musik gespielt, und nun lassen die Kinder ihre „Äpfel" tanzen. Die Musik wird nach ein paar Minuten ausgeblendet und das Tuch wird langsam auf den Boden gelegt. Die „Äpfel" bleiben auf dem Tuch liegen. Die Kinder schließen die Augen und die Erzieherin tauscht die Bälle wieder gegen die Äpfel aus. Nach einem Triangelton öffnen die Kinder wieder die Augen.

Äpfel auswürfeln

Abschlussspiel

Ein Würfel wird geholt. Die Kinder überlegen sich gemeinsam eine Zauberzahl. Reihum wird nun gewürfelt, und wer die Zauberzahl wirft, kann einen Apfel von der Decke nehmen und ihn zum Frühstück verzehren. Es wird so lange gewürfelt, bis jeder einen Apfel mit der Zauberzahl ausgelöst hat.

Winfried, der Wurm

Material: ein Apfel, ein Zauberstab (oder Salz als Zaubersalz), Wolle, Scheren, ein Obstmesser, ein schönes Tuch und einige Orff-Instrumente, z. B. Handtrommel, Schellenband, Rassel, Rührtrommel, Tamburin, Triangel

Einstieg: Die Kinder sitzen im Kreis und jedes von ihnen bekommt einen Wollfaden. Sie sollen sich vorstellen, sie seien Zauberer, die den Faden in irgendetwas anderes verwandeln wollen.
Jedes Kind überlegt sich, in welches Tier oder welchen Gegenstand es seinen Faden verwandeln kann.
Nun zaubert die Erzieherin. Sie nimmt einen Zauberstab oder das Zaubersalz, einen Wollfaden und „verwandelt" den Faden mit einem Zauberspruch in einen Wurm:

Hokus, pokus, ei der Daus,
ich denk mir einen Spruch nun aus.
Mit Fidibus und Zaubersturm (laut und kräftig pusten)
wird aus dem Faden nun – ein Wurm!

Nun legt sie ein grünes Tuch in die Mitte, legt einen Apfel darauf und lässt den „Wurm" zum Apfel kriechen. Die Kinder sollen erzählen, was nun passieren könnte.
Danach wird die Klanggeschichte erzählt (beim ersten Mal ohne Einsatz der Instrumente).

Wie jeden Morgen kriecht Winfried, der Wurm, durch das taufrische Gras (Handtrommel mit der Hand reiben), um sich sein Frühstück zu suchen.
Er spürt, dass er heute auf etwas ganz Besonderes Appetit hat. Aber worauf, das weiß er noch nicht. Winfried kriecht durch dichtes Gras, über Stöcke und Blätter, immer auf der Suche nach etwas Essbarem (Handtrommel).
Dabei begegnet er dem Käfer Kurt. Auch der sucht sich sein Frühstück. Flink und sehr beschäftigt läuft er an Winfried vorbei (Triangel). Er weiß, was er heute zum Frühstück isst. Auf einem großen Blatt sitzen unzählige grüne Blattläuse. Sie kribbeln und krabbeln dort hin und her (Schellenband). Davon will Kurt sich einige holen.

Winfried hat jedoch immer noch nichts gefunden. Er kriecht weiter umher (Handtrommel), immer auf der Suche nach einem ganz besonderen Frühstück. Da sieht er seine Freundin, die Spinne Frieda. Sie krabbelt in ihrem Spinnennetz herum (Rassel) und ist damit beschäftigt , eine riesengroße Fliege zu verspeisen. Ganz ruhig bleibt Winfried sitzen und schaut Frieda beim Frühstücken zu. Danach rollt sie sich zufrieden zusammen (Rassel), um ein kleines Schläfchen zu halten.
Winfrieds Hunger wird immer größer. Wenn er nicht bald etwas findet, dann wird er vor Schwäche nicht mehr kriechen können. Langsam und auf der Suche nach etwas Besonderem kriecht er weiter (Handtrommel).
Mit einem Mal plumpst (Tamburinschlag) direkt vor ihm ein Apfel ins Gras. Er kullert ein kleines Stück (Rührtrommel) und bleibt dann liegen.
Nun weiß Winfried, was er heute zum Frühstück isst. So schnell er kann, kriecht er zu dem Apfel (Handtrommel). Schnell sucht er eine Stelle, an der er durch die Schale in den Apfel kommt. Winfried braucht gar nicht lange zu suchen. Der Apfel ist von dem Fall an allen Seiten aufgeplatzt. „Jetzt aber nichts wie ran“, denkt Winfried, und so schnell es geht, frisst er sich durch das Fruchtfleisch (auf der Handtrommel mit den Fingerspitzen kratzen).
Hmm, der Apfel ist zuckersüß und Winfried frisst und frisst ohne Pause (auf der Handtrommel mit den Fingerspitzen kratzen).
Nach einiger Zeit ist er so satt, dass er sich nicht mehr von der Stelle bewegen kann. Regungslos liegt er in dem süßen Apfel und schläft zufrieden ein. Erst Stunden später wird er wach und macht sich auf den Heimweg (Handtrommel). Unterwegs trifft er wieder die Spinne Frieda (Rassel). Sie sitzt in ihrem Netz und wartet auf etwas Essbares. Er sieht den Käfer Kurt (Triangel), der immer noch damit beschäftigt ist, die krabbelnden Blattläuse (Schellenband) zu verspeisen.
Nachdem Winfried zu Hause ist, verkriecht er sich unter ein Blatt (Handtrommel) und ruht sich hier so lange aus, bis er wieder Hunger bekommt.

Abschluss: Die Instrumente werden in die Mitte gelegt. Nach einer Experimentierphase, bei der die Kinder jedes Instrument ausprobieren können, werden sie dann den verschiedenen Tieren zugeordnet.
Danach kann die Geschichte erneut vorgelesen und mit den verschiedenen Instrumenten begleitet werden. Abschließend wird der Apfel, der in der Kreismitte liegt, aufgeteilt und gemeinsam gegessen.

Stabfiguren-
spiel

Der Apfelkönig

Materialien:

Tonpapier in Rot, Braun, Grün und Gelb, braunes Kreppapier, etwas Goldpapier, Holzspieße, Pappe, Klebstoff, Scheren, Filzstifte, Bleistifte, Tesafilm, 3 Äpfel, eine lange Schnur, ein Bettlaken, Wäscheklammern, 2 Figuren aus dem Kasperltheater (Seppel und Gretel)

Vorbereitung:

Die Kinder basteln mit dem Material einen Apfelkönig (großer Apfel) mit goldener Krone, einen kleinen und einen runzligen Apfel (bekommt eine Schale aus zerknittertem Kreppapier), einen Apfelbaum und einen Korb aus Pappe. Die Äpfel bekommen jeder auf einer Seite ein lachendes und auf der anderen ein trauriges Gesicht aufgemalt. Danach werden sie auf einen Holzspieß gesteckt.

Raumvorbereitung:

Die Schnur wird quer durch den Raum gespannt und das Laken darüber gehängt. Der große Apfelbaum wird an dem Tuch befestigt. Die Apfel-Stabfiguren und die restlichen Requisiten stehen griffbereit.

Spielgeschichte:

In einem großen Apfelbaum lebt seit vielen Tagen und Nächten ein Apfelkönig. Sein Volk ist bei einem mächtigen Sturm aus dem Baum gerissen und in alle Himmelsrichtungen verstreut worden. Der Apfelkönig fühlt sich sehr einsam und bittet den Wind: „Lieber Wind, komm und hol mich aus dem Baum. Ich möchte hinaus in die Welt, um mir ein neues Apfelvolk zu suchen. Hier bin ich so einsam."
Kaum hat er das gesagt, kommt auch schon mit Saus und Gebraus der Wind und rüttelt und schüttelt an dem großen Baum. (Den Baum ein wenig bewegen.) Und plötzlich wird der Apfelkönig vom Baum gerissen und fällt mit einem Plumps ins Gras. (Der Apfel wird mit der traurigen Gesichtsseite zum Publikum gehalten.)
Nun macht er sich auf den Weg, doch kaum ist er ein paar Meter gegangen (Apfel langsam am Tuch entlang führen.), trifft er auf einen kleinen Apfel, der sehr traurig ist. (Kleiner

Apfel mit traurigem Gesicht taucht auf.) Der König freut sich (Apfelkönig zeigt fröhliches Gesicht.), ihn zu sehen, und fragt ihn: „Warum bist du so traurig?“ „Ach“, antwortet mit schluchzender Stimme der kleine Apfel, „bei einem Sturm hat der Wind alle meine Brüder und Schwestern vom Baum gerissen und sie in alle Richtungen getrieben. Jetzt bin ich ganz allein und fühle mich sehr einsam.“ „Mir ist es auch so ergangen“, sagt der Apfelkönig. „Doch ich gehe jetzt hinaus in die Welt, um mir ein neues Apfelvolk zu suchen. Willst du mit?“ „Gern“, sagt der kleine Apfel freudestrahlend (Kleiner Apfel zeigt fröhliches Gesicht.) und sie machen sich gemeinsam auf den Weg. (Äpfel wandern am Tuch entlang.) Als sie eine Weile gegangen sind, sehen sie plötzlich am Wegrand einen alten, runzligen Apfel. (Runzliger Apfel taucht auf.) Die beiden Äpfel bleiben stehen und hören ein leises Stöhnen. Der alte Apfel sieht sehr traurig aus. (Trauriges Gesicht des runzligen Apfels zeigen.) „Was ist denn mit dir geschehen?“, fragt der kleine Apfel. „Ach“, sagt der runzlige Apfel mit leiser Stimme, „bei einem Sturm hat mich der Wind im Baum so hin und her geschüttelt, dass ich heruntergestürzt und weit, weit weggerollt bin. Jetzt liege ich hier schon lange Zeit und bin allein. Ich bin so alt, dass ich kaum noch Kraft habe, um mir eine neue Heimat zu suchen.“ „Mir ist es auch so ergangen“, sagt der Apfelkönig. „Doch ich gehe jetzt hinaus in die Welt, um mir ein neues Apfelvolk zu suchen. Willst du uns begleiten?“ „Wenn ihr mich alten, runzligen Gesellen mitnehmen wollt, dann würde ich gerne mit euch gehen“, sagt freudestrahlend der runzlige Apfel. (Runzliger Apfel zeigt dem Publikum sein fröhliches Gesicht.) „Aber ihr müsst dann etwas langsamer gehen, denn ich bin nicht mehr so gut zu Fuß.“ „Das ist doch klar“, sagen die anderen Äpfel und gemeinsam machen sie sich auf den Weg. Gut gelaunt ziehen sie weiter. Viele Tage gehen sie immer weiter geradeaus, doch nirgends finden sie einen Ort, an dem sie bleiben möchten. Erschöpft ruhen sie sich auf einer Wiese im Schatten eines Baumes aus. (Die Äpfel bleiben unter dem Baum stehen.) Schon bald darauf schlafen sie ein.

Nach einiger Zeit kommen zwei Kinder (Kasperfiguren, Korb). Sie sind auf der Suche nach Fallobst. Als sie die drei Äpfel sehen, heben sie diese auf, legen sie in ihren Korb (Die Äpfel verschwinden nacheinander hinter dem Tuch.) und gehen nach Hause. Von dem Tag an wurden die Äpfel nie wieder gesehen, und was aus ihnen geworden ist, das kann man nur erraten.

Abschluss:

Die Kinder mutmaßen, was aus den Äpfeln geworden ist.

Reim-
geschichte

In einem riesengroßen Baum

Material: ein Korb mit fünf unterschiedlichen Äpfeln, ein grünes Tuch, eine Lampe, die das Tuch anstrahlt, ein Obstmesser

Einstieg: Die Kinder sitzen im Kreis und die Erzieherin malt mit großen Bewegungen einen Baum in die Luft. Bereits während sie zeichnet sollen die Kinder versuchen, den Gegenstand zu erraten.

Ablauf: Das letzte Wort der jeweils zweiten Zeile der folgenden Reimgeschichte sagen die Kinder. Zunächst wird der Text als Reimgeschichte vorgetragen, die im ersten Teil mit einem Fingerspiel verbunden ist.
Beim Vortragen des Textes legt die Erzieherin einen Apfel nach dem anderen auf das Tuch, das in der Kreismitte liegt.

Erster Teil

Mit den Händen einen Baum darstellen, die fünf Finger einer Hand zeigen.

In einem riesengroßen Baum
haben fünf Äpfel einen … (Traum).

Sie hängen still und träumen dann,
was wohl aus ihnen werden … (kann).

Daumen hochrecken.

Der erste, der will in die Welt,
mal schauen, wo es ihm gut ge … (fällt).

Im Rucksack wird er wandern gehen,
wer ihn verzehrt, man wird es … (sehen).

Zeigefinger in die Luft strecken.

Der zweite liegt in einer Kiste,
ein Mann, der schaut auf eine … (Liste).

Mit dem Flugzeug fliegt er dann,
wo kommt wohl dieser Apfel … (an)?

Mittelfinger in die Luft strecken.

Der dritte träumt von einem Ort,
er liegt mit vielen Äpfeln … (dort),

Er wird geschüttelt und gepresst,
bis er den Saft dann laufen … (lässt).

Ringfinger in die Luft strecken.	Der vierte, der sieht sich, o Schreck, er liegt mit anderen im … (Dreck),
	Tiere stürzen auf ihn ein, ruck-zuck wird er gefressen … (sein).
Kleinen Finger in die Luft strecken.	Der kleinste, der hat keinen Traum, er hängt ganz still in seinem … (Baum).
	Wohin er kommt, ist ihm egal, er sagt nur leis' : Dann schau'n wir … (mal).
Mit den Händen eine Sonne zeigen.	Ganz langsam wird es wieder hell, die Sonne, die kommt ganz, ganz … (schnell).
Die Finger einer Hand zeigen.	Fünf Äpfel hängen noch im Baum und verschwunden ist ihr … (Traum).

Zweiter Teil

Die Tage gehen und plötzlich dann
fasst die Äpfel irgendjemand … (an).
Sie werden in den Korb gelegt,
ein jeder nun auf Reisen … (geht).

Wird ihr Traum bei allen wahr?
Keinem Apfel ist das … (klar).
Es geht nach hier, nach da, nach dort
und plötzlich sind sie alle … (fort).

Der Baum ist leer, doch eins ist klar,
bestimmt sind schon im nächsten … (Jahr)
viele Äpfel an diesem Baum
und träumen einen schönen … (Traum).

Abschlussvorschläge:

1. Der erste Teil kann als Fingerspiel noch einmal mit allen Kindern gespielt werden. Zum Schluss werden die fünf Äpfel in Scheiben geschnitten, an die Kinder verteilt und gemeinsam gegessen.
2. Pflücken Sie selbst mit den Kindern einen Korb Äpfel und machen Sie daraus gemeinsam Apfelmus.

Mit Äpfeln süße Sachen machen

Süße Häppchen

Zutaten:
Schokolade, geraspelte Mandeln, Kokosflocken, bunte Zuckerstreusel, Honig, Äpfel, Schaschlikstäbchen, evtl. eine Pampelmuse, Schälchen, Topf

Zubereitung:
Die Mandeln, die Kokosflocken, die Zuckerstreusel und den Honig in Schälchen füllen, die Schokolade im Wasserbad flüssig werden lassen. Der Apfel wird geschält und in kleine Würfel geschnitten. Dann werden die Apfelstückchen auf Schaschlikstäbe gespießt und zuerst in den Honig und anschließend entweder in die Streusel, Kokosflocken, Mandeln oder die Schokolade getaucht.
Die Spießchen können gleich gegessen oder in eine Pampelmusenhälfte, die umgedreht auf einem Teller liegt, gesteckt werden und dann nach Bedarf verzehrt werden.

Apfeltee

Zutaten:
ungespritzte Äpfel, Nadel und dicker Faden, eine Vanilleschote, eine Blechdose oder ein Schraubglas, Honig, Messer

Zubereitung:
Die Äpfel gut waschen und die Schale mit einem Messer dünn abschälen. Die Apfelschale wird nun auf einen Faden gefädelt und mehrere Tage getrocknet. Dann wird sie klein geschnitten und in ein Glas oder in eine Dose gefüllt. Nun kann man Tee daraus kochen.
Für eine Tasse Apfeltee 1 EL Apfelschalen und eine Tasse Wasser mit einem Stück Vanilleschote (kann weggelassen werden) in einem Topf ca. 4 bis 5 Minuten kochen lassen. Den Tee mit Honig süßen und genießen.

Waffeln mit Äpfeln, Schokoladensoße und Sahne

Zutaten:
Waffeleisen, Raspel, 200 g Butter, 250 g Mehl, 75 g Zucker, 2 Päckchen Vanillezucker, 3 Eier, Schale einer unbehandelten Zitrone,1 Becher Sahne, Schokoladensoße zum Anrühren, 4 bis 5 saure Äpfel.

Zubereitung:
Aus Butter, Zucker, 1 Päckchen Vanillezucker, Eiern und Mehl mit dem Mixer einen Rührteig bereiten, in den die Zitronenschale gerieben wird. Die Äpfel werden geschält, grob geraspelt und unter den Teig gemischt. Dieser Teig wird nun im Waffeleisen nach und nach ausgebacken. Während die gebackenen Waffeln ein bisschen auskühlen einen Becher Sahne steif schlagen und zum Schluss 1 Päckchen Vanillezucker einrieseln lassen. Die Schokoladensoße nach Anleitung anrühren. Die noch warmen Waffeln werden mit Schokoladensoße und Sahne serviert.

Ofenäpfel

Zutaten:
Äpfel, etwas Butter, ¼ l Sahne, Kerngehäusestecher, Auflaufform, eventuell Schokoladensoße

Zubereitung:
Die Äpfel mit dem Kerngehäusestecher entkernen, schälen und in Scheiben schneiden. Eine Auflaufform mit Butter ausstreichen, die Apfelscheiben hinein legen, Sahne darüber gießen, kleine Butterflöckchen darüber verteilen und im Backofen ca. 45 Minuten bei 150 °C backen. Nach Belieben mit etwas flüssiger Schokoladensoße übergießen.

Apfeleis

Zutaten:
3 Eidotter, 1 ganzes Ei, 125 g Zucker, 1/4 l Milch, 1/4 l Apfelsaft (am besten frisch gepressten oder Apfelsaftkonzentrat), 1 TL Speisestärke, 1 Becher Sahne, 1 Päckchen Sahnesteif, 1 Päckchen Vanillezucker

Zubereitung:
Eidotter, Ei, Zucker, Milch, Apfelsaft und Speisestärke in einen Topf geben und verrühren. Unter ständigem Rühren aufkochen lassen, sofort vom Herd nehmen und unter ständigem Rühren erkalten lassen. Sahne mit Vanillezucker und Sahnesteif steif schlagen und unterheben. Die Masse in eine gefrierfähige Schüssel oder in eine Form füllen und im Gefrierschrank frosten. Während der ersten Stunden zweimal umrühren.

Himmel und Erde

(Himmel = Äpfel, Erde = Kartoffeln)

Zutaten:
Äpfel und Kartoffeln je nach Anzahl der Kinder, Milch, Butter, Salz, Muskant, zwei Kochtöpfe feines Metallsieb

Zubereitung:
Die Äpfel und Kartoffeln werden geschält und getrennt gekocht. Aus den Kartoffeln macht man Püree (mit Milch, ein paar Flöckchen Butter, etwas Salz und einer Prise Muskat so vermengen, dass eine glatte Püreemasse entsteht) und aus den Äpfeln Apfelmus. (Entkernte und kleingeschnittene Äpfel dünsten und durch ein Sieb streichen.) Ist beides fertig, so wird es auf einem Teller getrennt oder miteinander vermengt gegessen. Dazu schmecken gebratene Blutwurstscheiben oder Rührei.

Vollwert-Apfelpfannkuchen mit Sahne

Zutaten:
½ kg säuerliche Äpfel, 250 g Dinkelvollkornmehl, ⅛ l Milch, ¼ l Mineralwasser mit viel Kohlensäure, ½ TL Salz, 2 Eier, Öl zum Anbraten, Schlagsahne, ein Päckchen Vanillezucker oder etwas flüssigen Honig

Zubereitung:
Die Äpfel werden geschält, entkernt, in dünne Scheiben und dann in feine Streifen geschnitten. Das Dinkelvollkornmehl wird gesiebt und mit dem Salz vermischt. Eier und Milch dazugeben und zu einem glatten Teig verrühren.

Schließlich das Mineralwasser dazugießen, unterrühren und zum Schluss die Apfelstreifen unter den Teig mengen. Jetzt wird in einer beschichteten Pfanne etwas Öl erhitzt und ein Schöpflöffel Teig hineingegeben. Bei schwacher Hitze wird so ein Pfannkuchen nach dem anderen von beiden Seiten goldbraun gebraten.

Die Schlagsahne steif schlagen und kurz vor Ende des Schlagens dem Vanillezucker einrieseln lassen oder zwei Teelöffel Honig dazugeben.

Jeder Apfelpfannkuchen wird nun mit einem Klacks Schlagsahne serviert. Guten Appetit.

Ein Apfelfest im Kindergarten

Die Krönung der Apfeltage ist ein zünftiges Apfelfest. An diesem Tag oder Nachmittag können die Eltern oder ein befreundeter Kindergarten, die erste Klasse der Grundschule, Geschwisterkinder usw. eingeladen werden. Eine Einladungskarte in Form eines Apfels wird das Interesse der Gäste wecken. Nun können alle Dinge, die im Laufe des Projektes gemacht wurden, vorgespielt oder gesungen werden. In einem Apfelzimmer können sich die Gäste Informationen holen, riechen, probieren, fühlen, lesen, sich Bücher anschauen und sich mit Hilfe von Fotos oder vielleicht eines Videos über die Projekttage informieren.
Natürlich gibt es zu diesem Fest Leckereien rund um den Apfel. Bestimmt sind auch die Eltern bereit, andere Apfelleckereien, etwa getrocknete Apfelringe oder selbst gepressten Apfelsaft zu stiften. Außerdem kann noch ein Apfelkönig und eine Apfelkönigin gewählt werden. In der Einladung werden alle Gäste gebeten, einen möglichst großen Apfel mitzubringen. Einige Spiele wie Apfelringschnappen, Apfelernte, Durstige Gäste und Wettfüttern können zur Erheiterung aller beitragen.

Apfelringschnappen

Mehrere Apfelringe werden auf einen Bindfaden gefädelt. Dieser wird von zwei Mitspielern in die Höhe gehalten. Die anderen Kinder müssen nun eines nach dem anderen hochspringen und nur mit dem Mund nach einem Apfelring schnappen. Die Hände dürfen dabei nicht gebraucht werden.

Apfelernte (Wettspiel)

Jeweils ein Mitspieler muss mit Hilfe einer Schubkarre oder eines Bollerwagens herumliegende Äpfel einsammeln. Zuvor werden jedoch seine Beine mit einem Tuch zusammengebunden. Wer hat in einer bestimmten Zeit die meisten Äpfel eingesammelt?

Wettfüttern

Je zwei Mitspieler bilden eine Mannschaft. Sie sitzen sich gegenüber, zwischen ihnen ein Schälchen Apfelmus und ein Löffel. Einem von ihnen werden die Augen verbunden und er muss jetzt den anderen mit Apfelmus füttern. Wer hat sein Schälchen zuerst leer?

Hinweis:
Bitte die Kleidung mit großen Tüchern schützen, denn es darf gekleckert werden.

Die besondere Losbude: Apfel stechen

Sammeln sie vor dem Fest bei Banken und Sparkassen Werbematerial wie Kuscheltiere, Geldbörsen usw. und errichten Sie dann einen Losstand.
In einem Sandkasten sind Äpfel versteckt. Jeder Mitspieler kann sich statt eines Loses einen Schaschlikstab kaufen und ihn in den Sand stecken. Wer dabei in einen Apfel sticht, bekommt einen Preis.

Apfeltischlaternen

Hinweis:
Die Gäste bringen einen großen Apfel mit.
In einer Bastelecke werden Apfeltischlaternen angeboten. Dazu wird ein großer Apfel mit einem Melonenausstecher ausgehöhlt. Nun können kleine Kreise oder Formen aus der Schale ausgeschnitten werden. Stellt man ein brennendes Teelicht hinein, so hat man eine Apfeltischlaterne statt der sonst üblichen Kürbislaterne.

Durstige Gäste

Jeder Mitspieler bekommt ein paar Schnapsgläser, die mit Apfelsaft gefüllt sind, und einen Strohhalm. Wer hat die Gläser am schnellsten leer getrunken?

Literatur

Bilderbücher

A.H. Benjamin, Gwyneth Williamson
Die kleine Maus und der rote Apfel
Baumhaus Verlag, Frankfurt 2000

Janosch
Das Apfelmännchen
Nord-Süd Verlag, Mönchalt. 1991
Ein Mann hat einen Apfelbaum, der nie Früchte trägt. Dann, eines Tages, ist am Baum eine Blüte. Sie wird zu einem Apfel, der wächst und wächst und wächst …

Per Henrik Gürth, Martina Gürth
Das kleine Männchen
Herder Verlag, Freiburg 1996
Das kleine Männchen macht eine Reise durch den Tag und erfreut sich an der Natur, besonders am seinem Apfelbaum.

Sachbücher

Linda Martin
Schau, wie sie wachsen
Saatkorn Verlag 1994

Annerose Naber, Sabine Latorre
Apfel
ALS-Verlag, Dietzenbach 1998

Günter Albert Ulmer
Der Apfel als Quelle Ihrer Gesundheit
G .A. Ulmer, Tuningen 1993

Kochbücher

Beatrice Aepli
Das Apfel-Kochbuch
Midena Verlag, Augsburg 1998

Gertje Sckopp-Witte, Cornelia von Rönn
Alles mit Apfel
Hannah Buxtehude 1999

Illustrationen: Unen Enkh, Denzlingen
Layout: Zumstein Grafik-Design, Merzhausen
Redaktion: Martin Stiefenhofer
Herstellung: J. P. Himmer, Augsburg
ISBN 3-451-27105-2